बोरसी

प्रतिमा सिंह

प्रथम संस्करण: फ़रवरी 2023
भारत में मुद्रित

टाइप : कोकिला

ISBN: 978-81-960965-7-1

आवरण रचना: देवव्रत साहू

STORYMIRROR
Stories that reflect you

प्रकाशक : स्टोरीमिरर इंफोटेक प्राइवेट लिमिटेड,
7वीं मंज़िल, एल. तारा बिल्डिंग,
डेल्फ़ी बिल्डिंग के पीछे, हीरानंदानी गार्डन,
पवई, मुंबई, महाराष्ट्र - 400076, भारत।

Web: *storymirror.com*
Facebook: *@storymirror*
Instagram: *@storymirror*
Twitter: *@story_mirror*
Contact Us: *marketing@storymirror.com*

मां और पापा के लिए

बोरसी

यह किताब लाना हिंदी साहित्य जगत में मेरी ढिठाई हो सकती है लेकिन बचपन से ही यह उन धृष्टताओं में से एक रही है जो मुझे करनी ही थी। मुझे नहीं मालूम मेरी कविताएँ या यह किताब कहाँ अस्तित्त्व रखेगी या मिट जाएगी बाक़ी चीज़ों की तरह लेकिन ये सारी रचनाएँ मेरे अब तक के जिए का निचोड़ हैं।

इस किताब का शीर्षक मेरे ज़ेहन के बेहद क़रीब है। 'बोरसी' कच्ची मिट्टी का एक ढाँचा होता है जिसमें आग ज़्यादा देर तक आग रहती है। उसके राख होने का समय बढ़ जाता है। ये कविताएँ वो विचार हैं जिन्हें राख होने से पहले मैंने बचा लिया, वो वर्जनाएँ हैं जिन्हें नियति में बदलने से पहले तोड़ दिया।

ज़रूरी नहीं कि ये कविताएँ साहित्य की किसी विधा या समीकरण पर परखी जाएँ, ये बस मेरे कच्चे-पक्के विचार हैं जिन्हें अच्छे-से ज़्यादा सच्चे कहे जाने की ख़्वाहिश है।

आभार

मेरे होने में जितना योगदान मेरी मां का है उतना ही उन दो पंक्तियों का भी है, जिन्हें पहली बार मेरे नन्हें हाथों ने एक कोरे कागज़ पर उकेरा था।

मुझे नहीं मालूम कि एक छोटे से गांव में रहते हुए और अपने भाई-बहनों के साथ बड़े होते हुए मैंने जो सोचा, उसे "मैंने लिखा है," यह कहने की हिम्मत और समझ मुझमें कैसे आयी लेकिन यह बहुत अच्छे से याद है कि मेरी सबसे पहली तुकबंदी को मां और दीदी ने पांच रुपए वाली उस 'कैपिटल' कॉपी में बाक़ायदा लिखा था।

उस कॉपी से डायरी, डायरी से फ़ोन, फ़ोन से इस किताब तक का सफ़र तय कर लिया मेरी कविताओं ने लेकिन यह यात्रा इस पड़ाव तक कभी ना पहुँची होती अगर मेरे परिवार ने उस बच्ची की पहली उड़ान को वो पंख न दिए होते। सब ने समझा और सराहा मुझे। मां, पिताजी, दीदी, भैया और छोटी बहन...सब ने।

मैं आठवीं में थी जब पिताजी पहली बार मुझे कवि सम्मेलन में ले गए थे। सुनाने नहीं, सुनवाने। मुझसे ज़्यादा असहज वह थे उस रोज। मैंने वहाँ कौन-सी कविता सुनाई, सो तो याद नहीं लेकिन पुरस्कार स्वरूप मिले उस पांच सौ रुपए के नोट की कड़क और सफ़ेद शॉल की वह मुलायमियत आज भी महसूस होती है।

भैया मेरी बचकानी कविताओं को भी बड़े प्यार से पढ़ता और अपने दोस्तों को भी गर्व से सुनाता था। मेरे करियर को लेकर मेरे घरवालों को मुझसे कोई ख़ास उम्मीद कभी नहीं रही लेकिन उन सबों ने मुझमें इतना भरोसा ज़रूर पैदा कर दिया था कि मैं जो भी कर रही हूँ, थोड़ा अलग है, मगर ठीक है।

मेरी मां अपने सभी बच्चों, ख़ासकर बेटियों की तरफ़ आने वाली पारिवारिक-सामाजिक अड़चनों के सामने हमेशा एक चट्टान की तरह खड़ी रहीं हैं। चाहे वह हमारे पहनावे की बात रही हो, बाहर रह कर पढ़ाई करने की या अपना पर्सनल फ़ोन रखने की। वह दुनिया और हमारी आज़ादी के बीच हमेशा मौजूद रहीं। मेरे वजूद के हर पहलू पर पहला हक़ मेरी मां का रहेगा। हमेशा।

इस किताब की कई कविताओं पर काफ़ी गहरी छाप एक बेहतरीन इंसान और लेखक अमृतराज जी का भी है। उनसे मेरे सोचने के ढंग को एक नई दिशा मिली। कुछ अनूठे रास्ते मिले, जिन पर किसी के पांवों के निशान नहीं होते।

मित्र कबीर और संजय का शुक्रिया, जिन्होंने इस किताब के आवरण पृष्ठ की डिज़ायनिंग और एडिटिंग बड़े ही मनोयोग से की है।

पांडुलिपि से किताब बनने की इस पूरी प्रक्रिया में स्टोरी मिरर प्रकाशन, विशेषकर यश जी और स्नेहा जी का साधिकार सहयोग मिला।

आख़िरी इंसान, जिसकी वजह से यह किताब मूर्त रूप में आपके सामने आ सकी है, उसके लिए बस इतना...मेरे पागलपन को झेलने के लिए ईश्वर आपको हिम्मत दे।

कुछ रिश्ते हैं, जिनमें अब भी महफ़ूज़ हैं हम,
वरना किरदार गंवा बैठे थे, ओछी दुनियादारी में।

अनुक्रमणिका

बड़े क़रीब से देखा, नहीं देखना था,
इक क़यास भर था, बचे रहना था।

1. लंबी उम्र

हम सब धुंआ होने की निरंतर प्रक्रिया में हैं,
जन्म का फूल
मृत्यु की राख में तब्दील होगा,
हमारा सारा भारीपन
हर क्षण अपना गुरुत्व खो रहा है,
सारी बातें, यादें, हमारा होना,
घड़े में सीझ कर सूखते पानी की तरह
जज़्ब हो जाएगा,
आख़िर में बचा रहेगा बस वो,
जो हम ने अपने पास नहीं रखा
हमारा प्रेम, हमारी घृणा, हमारी करुणा;
दी हुई चीज़ों की उम्र सबसे लंबी होती है।

देह में साँसों का न चलना ही

मौत नहीं,

चलती-फिरती लाशों की

इक भीड़ जमा है,

सोचो तो!

2. मसखरा

इक दिन वो सब पर
हंसता हुआ जाएगा,
हारे हुए चेहरे पर,
जीते हुए चेहरे पर,
छलकती आंखों पर,
उदास हुए कदमों पर,
वो सब कुछ जो बीत चुका,
सबको चिढ़ाएगा,
हमारे अंदर का मसखरा
हंसता हुआ जाएगा;
दुनिया रखे ठेंगे पर,
जज़्बात भी फ़ानी है,
भ्रम का जो सच है,
सच का जो भ्रम है,
ये बेचारे मसखरे की
पूरी कहानी है,
पाप और पुण्य का बहीखाता,

हवा में उड़ाएगा,

हमारे अंदर का मसखरा

हंसता हुआ जाएगा;

जो मिला वो मिट्टी,

जो खोया वो मिट्टी,

एक देह संभाली थी

वो देह भी मिट्टी,

शाश्वत है इक मुस्कान

देता हुआ जाएगा,

हमारे अंदर का मसखरा

हंसता हुआ जाएगा।

एक दुःख को सहेजने की इच्छा,
एक दुःख को पूरे मन से जीना,
एक दुःख के ख़त्म होने की
प्रार्थना न करना,
मैं किसी और तरीक़े से नहीं कह सकती
कि मुझे, तुम प्रिय थे।

3. भूलना

भूलना, इंसान को मिली सबसे बड़ी
नेमत है,
भूल कर ही हम चलना सीख पाते हैं,
भूल कर ही औरतें जन्म दे पाती हैं
दूसरा बच्चा,
भूल कर ही हम कर पाते हैं
भविष्य की मंत्रणाएं,
भूल कर ही हमसे हो पाता है
कई-कई बार प्रेम,
हमारा स्वभाव है दुःख के ऊपर सुख चुनना,
सब कुछ याद रखने के ऊपर भूल जाना,
भूलना उतना ही स्वाभाविक है
जितनी जन्मी देह की मृत्यु।

ये साहिलों पर लाल धुआं कैसा?
लगता है, समन्दर जलने की फ़िराक में है,
फिर कहीं उम्मीदें उम्मीद से हैं,
फिर कहीं इश्क़ पैदाइश की ताक में है।

4. रनिया और मन्नू

चौदह-पंद्रह की थी शायद मैं,
जब मन ने कई बार कहा,
चलो भाग जाते हैं घर से,
वो जैसे कहारों के मुहल्ले की रनिया भागी थी
चमारों के कपूत मन्नू के साथ,
कितना पिटे थे दोनों
वापस लाए गए तो;
रनिया सामने से गुज़रती,
दुपट्टा कमर में बांध सर पर बोझा लादे,
गर्दन सीधी,
नज़र सपाट,
अलबत्ता हमारी चाची, दादी, अम्मा
की नज़र ज़रूर झुक जाती,
आवारा, मग़रूर कह के,
मेरी देह घर में खींच लेतीं;
एक रोज रनिया और मन्नू

फिर से भागे,

गांव नहीं, दुनिया छोड़कर,

नहर के पास बस चप्पलें मिली थीं,

गोया इंसानों से परे दूसरी दुनिया

इबादतगाह हो उनकी;

मैं भी भागी सरपट,

मगर आंगन में मां से लिपटने को;

'भाग जाने' के लिए

रनिया और मन्नू होना पड़ता है।

जन्मों की थकी जब काबे पहुंची,
खुदाया मेरे घर आया था।

5. मां का ईश्वर

बचपन से देखा है,
मां रोज अपने ईश्वर से
ऊँची-ऊँची आवाज़ में बातें करती है,
कई बार फुसफुसाते भी सुना है,
रोते हुए भी,
इसके अलावा कहाँ था
सब कुछ कह पाने का हक़,
सिर्फ़ सुने जाना या सुने जाने का
भ्रम;
ईश्वर मेरी माँ के जीवन में हज़ार कानों वाला
एक गूंगा अभिनयरत किरदार है।

खुद से दूरियों का ख़याल रखना,
कहीं भी जाओ,
लौट कर अपने ही पास आना है।

6. याद है मुझे

सब याद है मुझे
कुछ भी पूछो,
मेरा नीला घोड़ा किसने तोड़ा,
कैसे बारिशों ने बरबाद किया
मेरा घरौंदा,
विदा लेती बुआ ने
कितने रुपए ज़्यादा दिए थे भाई को,
किस टीचर ने कितनी बार
निराश किया,
प्रेम की पहली सीढ़ी कैसे टूटी,
कितने झूठ, कितने सच,
कितने धोखे, कितना प्यार,
सब का हिसाब है,
बस याद नहीं तो
किसका खिलौना मैंने तोड़ा,
कितनी चींटियां मैंने कुचलीं,

कितने रिश्ते मैंने बेचे,
कितना धोखा, कितना झूठ,
किसके हिस्से में मैंने दिए;
स्याह रात टहलती देहों को
अपनी परछाईं कहां दिखती है।

तुम्हारे सूखे होंठ थमे हुए हैं,
मेरी सांसें भी रुकी-रुकी सी,
माथे के ठीक बीच
एक लम्हा ठहर गया है,
गोया, ज़िंदगी ने पहली बार
दबाया हो पॉज बटन,
वक़्त के रिमोट पर।

7. प्रेम कवि

सुबह-सुबह,
वक़्त के ज़ख़्मी कंधों पर बैठे
उस कवि को
सबने कोसा,
जो लिख रहा था गीत,
अपनी प्रेमिका के लिए;
जंग पर जाते सिपाही ने उसके सामने फेंकी
बेकार कारतूसें और लाल रक्तभेदी निगाहें;
अख़बारों पर शहीद होते
पत्रकार ने शब्दों से ज़लील किया;
खेत की ओर जाते किसान ने
कीचड़ में सने पांव पन्ने पर रख दिए;
क्रांतिकारी युवक ने
बीच वाली उंगली हवा में दिखाई;
अब शाम होने को थी,
स्कूल से लौटते बच्चों ने उसे
कौतूहल से देखा,
पेड़ की शाखें,

घर लौटते जानवरों की आंखें,

सभी जोशीले पांव,

शांत थे अब;

सिपाही ने लौटकर सबसे पहले

पत्नी की चूड़ियां चूमीं,

पत्रकार ने

बारहवीं का अप्रेषित प्रेम-पत्र

ऊंचे स्वरों में ख़ुद को सुनाया,

किसान के आंसू यूं ही ढुलक आए

उनींदे बच्चे की जम्हाई पर,

क्रांतिकारी युवक लाल झंडे के पीछे रखी

मां की तस्वीर पर झूम गया,

प्रेमगीत लिखता कवि अब भी वहीं था,

उसने काग़ज़ पर वक़्त के हाथों लिखा था-

'मेरी प्रेयसी,

सिर्फ़ प्रेम भविष्य है,

बाक़ी सब अनर्गल प्रलाप।'

इक बार का मरना होता तो फ़ातिहा भी पढ़ा जाता,
तुम तो रोज मरते हो इक अदद जीने के लिए।

8. हिसाबी ज़ेहन

तुम लाख सीधी कर लो गर्दन,
ऊंचा देख लो,
रीढ़ की हड्डियों पर सहारे बांध
सीधे खड़े हो जाओ,
फिर भी नहीं बोल सकते तुम सच
क्योंकि,
सच बोलने के लिए चाहिए
ज़ुबान,
जो अलग-अलग तलवों से जा चिपकी है,
सच बोलने के लिए चाहिए
सरल-सा मन,
जिसे बेचकर तुम बाज़ार में खड़े हो;
हिसाबी ज़ेहन
हिसाब से सच बोलता है।

साहिल से लगकर हर रोज रोती है नाव,
लहरों में कोई इसका कहां होता है।

9. सबसे हल्की चीज़ें

साहिलों ने चीख कर रोका,
समन्दर सिकुड़ रहा है,
लहरों ने इल्तिज़ा की
नाव ज़मीनों पर ले जाओ;
टूटी-सी इक नाव पर
महज़ हम तीन ही थे,
मेरी साँसें, उसकी नज़र,
एक सिक्का मेरे इश्क़ का,
बेकरवट सीधा शून्य निहारता;
कभी-कभी सबसे हल्की चीज़ों
का बोझ
उठाए नहीं उठता।

न मेरी तरफ़ देखता है,
न तुम्हारी सुनता है,
लकीरों को कुचल
बड़े गुरूर से चलता है,
मेरा इश्क़ जिहादी हो गया है।

10. लाल सलवार

मुझे लाल रंग से एक
अजीब-सा ख़ौफ़ है,
मैंने देखा था घर के आंगन में
कुछ हाथों को
वर्जित प्रेम की कोख खींचते हुए,
एक लड़की को पिटते हुए,
चटक लाल सलवार को जलते हुए;
आजकल मुझे हर चीज़ लाल ही दिखती है,
सड़क, घर, किताबें, अक्षर,
तुम्हारी आंखें,
मेरा गांव, खेत, पगडंडियां,
अमरूद का पेड़, आंगन;
कभी-कभी लगता है,
वो सलवार उस दिन जली नहीं थी,
उड़कर मेरी नज़र में सिल गई थी

ग़लती से

वक़्त की सिलाई में,

बीतते वक़्त के साथ

उसकी टांगें लंबी हो रही हैं,

हर तरफ़ फैल रही हैं,

एक दिन ढँक लेगी

वो मेरे ख़्वाब और ख़याल,

तुम्हारे लिए, दुनिया के लिए,

फलते-फूलते, सिकुड़ते,

दहकते, बुझते,

मेरे प्रेम को भी

हमेशा के लिए।

दरख़्त कहेंगे, दीवारें कहेंगी,
ढिबरियाँ कहेंगी, मशालें कहेंगी,
धीरे-धीरे ज़ेहन में छुपे
सन्नाटे भी मुंह खोलेंगे,
जो ज़िंदा हैं, वो बोलेंगे।

11. नीलकंठ

नीलकंठ बार-बार आता है,
जब भी विद्रूपता सीमाएं लांघती है,
जब कोई लड़की सड़क पर
कंक्रीट-सी बिखरी मिलती है,
जब कोई बचपन
बस्ते की राख से पेट सेंकता है,
जब किसी प्रेम को ट्रेनें
पटरियों पर लिटा लेती हैं,
जब कोई धर्म
फूलती नसों का ख़ून
गलियों में बिखरा देता है,
जब कोई फल पेड़ को ही
'जेनरेशन गैप' कह कर ठुकरा देता है,
जब रातें जुगनुओं को चबाती हैं,
हवाएं ऑक्सीजन मास्क ले कर आती हैं,

बस तब ही,

समाज ख़बरों की स्याही चाटता है,

पलभर को नीलकंठ बन जाता है,

नीलकंठ रोज जन्मता है,

अपना कंठ रंगता है

फिर मर जाता है।

बा-रूह* दुआ-सी थी उसे छूने के बाद,
तस्बीह** के मनकों-सा बिखरा था वो मुझमें।

*बा-रूह : आत्मा सहित

**तस्बीह : जपमाला

12. थोड़े से तुम

वो कौन-सा तरीक़ा था,
जिसमें मैं थोड़े से 'तुम' को
बचा सकती थी?
थोड़े से 'तुम' वो जो मेरी
नज़्मों को चूम लेते थे,
थोड़े से 'तुम' वो जिसे याद
रह जाती थी मैं;
विदा की रस्म में,
जैसे अम्मा देती थीं
दो-एक रुपए
बहलाने को, बहल जाने को,
तुम भी जा सकते थे
थोड़ा-सा 'तुम'
मुझे सौंपकर।

तलब मेरी मुझको इस क़दर है,
जो भी मिलता है मुझे, मुझ-सा लगता है।

13. गुलाबसी

तुम्हारे पास से लौट कर
मैं तुम बनकर ख़ुद को
कई-कई बार देखती हूं,
छूती हूं, चूमती हूं,
कभी ख़ुद को कमल,
कभी गुलाबसी*,
कभी कैक्टस सा महसूस करती हूं,
तुम सामने चलते चलचित्र से गुज़र जाते हो,
मैं रात-रात, दिन-दिन सफ़र में रहती हूं,
साँसें तुम्हारे कंधे पर ठहरती हैं,
आराम करती हैं;
तेज़ तूफ़ान तुम्हारे प्रेम का
हर बार मुझे सीमाओं तक थका देता है।

---

*गुलाबसी : बेहया का पौधा

अब झूठ नहीं चौंकाता,
न डर लगता है पर्दादारी से,
अब चौंकाती है मासूमियत,
डरा जाती है आसान सच्चाई।

14. तीसरी आँख

हम सब
अपनी-अपनी जगह पर
तीसरी आंख बन कर बैठे हैं,
तीसरी आंख वो,
जो ग़लत करने वाले
और सहने वाले को
देखती है टकटकी बाँध,
बिना किसी शर्म के,
ना कांपती है,
न झुकती है, न भीगती है,
न जलती है,
सिर्फ़ इस डर से कि
कहीं पहचान न ली जाए,
कहीं उछल के आ न गिरे

कोई आग इसकी गहराइयों में,

डरी, हताश, स्वार्थी तीसरी आंख,

पहली और दूसरी से ज़्यादा ख़तरनाक है,

इसको सबसे पहले जल जाना चाहिए।

नहीं मालूम
उसे समन्दर ठगेगा या आसमान,
वो बच्ची अपने घरौंदे की दीवार
हमेशा
नीले रंग से रंगती है।

15. उठो बीबा

मैंने देखा
अख़बार में एक भी ख़बर
किसी औरत की हत्या,
बलात्कार या छेड़खानी की नहीं;
रसोई में पिता,
मां ऑफिस जा रहीं;
दादी, पड़ोसन को
बेटी जन्मने की बधाई दे रहीं;
सामने वाली छत पर
वो तलाक़शुदा औरत
एक पुरुष के साथ
खुल के हँस रही,
जिसके मकान मालिक ने
घर खाली करने को कहा था
उसके पुरुष मित्र को घर लाने पर;
और उसे तो मैं बस
रोकने ही वाली थी,
वो खिलंदड़ हिप्पी-सी लड़की,
जो रातों में देर से
नशे में धुत्त आती,

जिसके लिए मां कहतीं,
ऐसी लड़कियों के साथ ही
कुछ हो जाता है,
नुक्कड़ पर खड़े लड़कों ने
उस लड़की को रास्ता दिया,
बिना कुछ कहे, बिना कुछ किए;
भाई, मेरे उसी प्रेमी को गले लगा रहा,
जिसे कुजात कह कर
दरवाज़े पर ताले लगा दिए थे,
खिड़कियों में जड़ दी थीं कीलें;
ये कहां हूं मैं
जहां
शिकन की वजहों से प्यार में हैं लोग?
नहीं, ये मेरी दुनिया तो नहीं,
मेरी ज़मीन नहीं,
ये मैं नहीं,
मेरे यहाँ तो…
अब बस!
उठो बीबा, अब तो आसमान भी लाल हो रखा है,
कैसे-कैसे सपने देखती हो तुम,
इन्हीं सपनों की मौत मरोगी इक दिन।

एड़ियों तले,

तुम्हारे हिस्से की

पांव भर ज़मीन के अंदर,

राह बनाते चूहे की किटकिट भर है,

भीड़ का वो शोर,

जो तुम्हें चलने से रोक रहा।

16. हरसिंगार

हरसिंगार
जन्मता है, खिलता है
फिर दूर हो जाता है पेड़ से
मिट्टी में मिल जाने को;
टहनी से मिट्टी तक पहुंचना ही
यात्रा है;
गुलाब
जन्मता है,
सजा रहता है टहनियों पर,
दम तोड़ देता है
उसी टहनी पर,
कोई हाथ उस तक न पहुंचे तो;
मुझे गुलाब नहीं,
हरसिंगार होना है;
हाथों का इंतज़ार मेरे
पांवों की ज़लालत है।

'अलविदा' बिना ख़बर दिए होना चाहिए,
मृत्यु की तरह;
विदा की रस्में,
दुनिया का सबसे बड़ा छलावा हैं।

17. अपहचाने रंग

पहली बार किसी म्यूज़िक इंस्ट्रूमेंट
से मिलाने वाला
सारंगी बजाता साधु,
पहले दिन स्कूल आई
रोती हुई लड़की को
अपनी कॉपी के पन्ने से
फिरकी बना कर देने
वाला लड़का,
रिक्शे के पहिए में उलझे
दुपट्टे को
सुलझाता बूढ़ा,
ट्रेन में फब्तियां कसते शोहदों के बीच
रात भर अजनबी लड़की के लिए
फ़िक्र में जागता लड़का;
ये अपहचाने रंग ही दृश्य की
ज्यामिति निर्धारित करते हैं।

जो नहीं रहा, पांवों तले ज़मीं-सा था,

वो शख़्स इन आँखों में रौशनी-सा था।

18 . उम्र की ऐनक

मैं उम्र की ऐनक कहीं
रख के भूल गई हूँ,
सारे तमाशे, सारी बातें,
सारे करतब, सारे राज़,
सब धुंधला-धुंधला दिखता है,
सब धुंधला-धुंधला ही याद भी है,
बस एक कोने में थोड़ा उजाला है,
उसी कोने में दमकती याद भी है,
बचे हुए आटे से माँ का
चूल्हे पर चिड़िया सेंकना याद है,
बिन हाड़ मास, बिन रंग-पंख के
चिड़िया का चिड़िया होना याद है;
मेरी उम्र की ऐनक शायद वहीं कहीं है,
आटे की आख़िरी लोई के
चिड़िया होने की उम्मीद के पास;
मैं बचपन की आंखों से
बड़ी हुई इस दुनिया को
धुंधला-धुंधला ही देखती हूँ।

कोई वादा, कोई उम्मीद, कुछ तो भूला होगा,
छोड़ने वाले का भी, कुछ तो छूटा होगा;
वो आख़िरी बात बस इक बहाना थी,
ताल्लुक़ पहले ही कभी टूटा होगा।

19. उसे छोड़ जाना था

उसे
पिछली बारिशों में छोड़ जाना था,
बारिशें बड़ी देर तक संभाल लेती हैं
मेरा दुःख;
या नदी किनारे बीतते मेरे वक़्तों में
चले जाना था,
नदी साँसों की तरह घोल लेती है मुझे;
या फिर बचपन की कहानियां
साझा करने से पहले कह देना था,
बहुत हुआ साथ,
वो कहानियां मुझे वजह देती हैं
बातों में जागने की;
लेकिन उसने चुना कंक्रीट का जंगल,
एक बड़ा घर,
जिसके आस-पास सिर्फ़ बबूल उगे हैं,

जिनसे बचपन से ऊब है मुझे,

थोड़ी-थोड़ी दूर पर बड़ी-बड़ी इमारतें,

बाज़ार ही बाज़ार,

जो कभी नहीं भाते,

कुछ चुने हुए लोग,

जो मुझे उसके नाम से जानते हैं;

उसे मुझे

बस वहां छोड़ना था

जहां जीने की वजहें ज़िंदा होतीं।

तमाम दर्द जो बेपर्दा थे ज़माने में,
बड़े काम आए रिश्ते आज़माने में,
वो कश्तियाँ भी डूबीं,
जो पार लगी थीं,
किनारों की थी साज़िश उनको डुबाने में।

20. क़ीमत

शहर में बस वो तन्हा है,
जिसको मालूम था
इश्क़ क्या है,
कैसे निभाना है,
उस घर ने सबसे ज़्यादा फ़ाके किए,
जिनको भरोसा था
कहीं कोई ईश्वर है
और वो सब कुछ देखता है।

पलकों की मुट्ठी भिंची हुई है,
दृष्टि हुई है दृश्यविहीन,
कानों के हैं आर-पार
अर्थहीन शब्दों का उच्छवास,
ये मोह रहा या मोक्ष हुआ
या है सम्मोहन का संत्रास।

21. मैं और ईश्वर

मैं अब डरकर नहीं भागती
ईश्वर के ठिकाने की तरफ़,
घबराकर भी नहीं ढूँढती
ईश्वर के पाँव,
हाँ, अब पहले से ज़्यादा
डराती हैं चीज़ें,
घबराती भी हूँ
पहले से ज़्यादा,
लेकिन अब
ज़्यादा जवाबदेही है मेरी,
थोड़ी ज़्यादा नियंत्रण में हूँ अपने,
मेरे डर ने ही स्थापित किया था
ईश्वर को मुझसे अलग।

रात भर
ज़मीं पे गिरती बारिश की बूंदें,
गली के मुहाने पर लगा लैम्पपोस्ट
यूँ देखता रहा,
गोया कोई राहगीर चश्मा चढ़ा
ऊंची-ऊंची आवाज़ में
पढ़ रहा हो कोई ख़त,
ख़त जो बादलों ने भेजे हैं
अनपढ़ मिट्टियों के नाम।

22. मेरा शहर

कहां कुछ बदला शहर में,
सब-कुछ वैसा ही तो है
जैसा छोड़ा था कभी,
आलसी सड़कें,
बोझ से दबी,
मोड़ वैसे ही सुस्त और
कटीले,
हवाएं उतनी ही शोख़ी से
संभालती हैं दुपट्टे,
ज़रा-सी बारिश ख़राब कर देती है
गलियों के गले,
हां बस,
शहर के बीच चौक पर
बढ़ गई है
बिकते कामगारों की भीड़,

चाय की दुकानें ज़रा ज़्यादा

सियासी हो गई हैं,

स्कूलों से बच्चे नहीं

इक होड़ लौटती है यहां भी;

कल, आज और कल सब एक शक्ल के,

बस उम्र का फ़र्क दिखता है;

बड़े शहरों की जूठन भर

तस्वीर बदली है

मेरे छोटे-से शहर की।

ऐसी आँखें,
जिनमें ज़िंदगी के अंधेरे की काई हो,
वहां सपने नहीं उगते,
नींद के पाँव नहीं जमते।

23. वो जो नहीं होना था

कुछ चीज़ें नहीं होनी चाहिए;
पहले प्यार में
धोखा नहीं मिलना चाहिए,
स्कूल का पहला दिन
बुरा नहीं होना चाहिए,
पहली बार फ़ेल होने को
बस गुज़र जाना चाहिए,
बच्चे की पहली शैतानी पर
उसे पिटना नहीं चाहिए,
क्योंकि ये पहला हमारे बाद पर
हमेशा हावी रहता है,
पूरी ज़िंदगी साथ चलता है।

मौसमों के पाँव में,
बूढ़े होते पेड़ों की छांव में,
मचलती पगडंडियों की शनाई में,
औंधे मुंह पड़े खेतों की कलाई में,
ज़िन्दगी ने
भागते वक़्त को
पिरो रखा है,
मेरे गांव की मिट्टी ने
मेरा बचपन संजो रखा है।

24. पुश्तों का कर्ज़

बाबा ने विरासत में
पिता को सौंपी
आम की बगिया,
अमरूद, बेर, जामुन, चिलबिल,
शीशम, शिव बबूल,
नीम, महुआ, अर्जुन के पेड़,
गेंदा, गुलाब, खड़ी दुपहरिया के
फूल,
लकड़ी का बड़ा दरवाज़ा,
चौखट,
चौपाल, बरोठ,
आंगन में बँटा गोबर से लिपा
मिट्टी का घर;
पिता ने हमको सौंपा
दम तोड़ता बगीचा,
कुछ सूखे कुछ ज़िंदा पेड़,
ईंट पत्थरों के कमरे,
चिकनी फ़र्श,

एक बड़ी सी बंटवारे वाली दीवार,
कुछ टूटे-फूटे रिश्ते;
हम सौंपेंगे बच्चों को
कमरे के बीच में घास,
बालकनी में जंगल,
सपने, होड़, बगीचों की यादें,
मौसमों की बातें, पछतावे,
विस्थापन और क्रूर बाज़ार;
हम पर पुश्तों का कर्ज़ रहेगा,
और जन्मों की लानत भी।

आंखें भर-भर शज़र* निहारे
दरियाओं में कुछ इश्क़ सा बहता है,
चक्कर सा खाती है ज़मीन भी
आसमान कुछ रीझा-रीझा सा रहता है,
जब भी तेरी नज़र से संवरूं
चाँद बलाएं लेता है।

*शज़र : पेड़

25. एक दिन

तुम्हारे प्रेम से मुस्कुराकर,
प्रेम के बिम्ब से आंखे मिलाकर,
ललचाती अमराइयों को चिढ़ाकर,
बेतुकी परछाइयों से भिड़ कर,
पहाड़ की ऊंचाइयों को
क़ैद कर,
समंदर को सतह पर समेट,
नदी के जिस्म से लिपट जाऊंगी मैं,
एक दिन सब-कुछ हार कर,
सबसे जीत जाऊंगी मैं।

जब से जाना, हाथों ने आंखों को ठगा था,

बचपन, जादूगर से रूठ गया।

26. पिता

ज़्यादा बात नहीं होती मेरी उनसे,
मेरी ही क्या घर में किसी की भी,
ज़रूरत के आगे की ज़रूरत नहीं हैं वो,
बस घर की दहलीज़ की तरह हैं,
अंदर जाना हो,
तो गुज़रना पड़ता है उनसे होकर,
जब भी मुश्किल में होती हूं
बिना सोचे उनके पास होती हूं;
ईश्वर-सा ही कुछ रिश्ता है,
बरसों से रिश्तों की दहलीज़ बने मेरे
पिता के साथ।

हवाएं हमेशा बहती हैं,
सूरज हर रोज निकलता है,
ज़मीं कभी नहीं भूलती
पाँव थामना,
आसमां भी हमेशा नज़र रखता है
घर के बूढ़े की तरह;
कुदरत कभी ग़ैर-ज़िम्मेदार क्यों नहीं होती?

27. आख़िरी बार

एक दिन हम देखेंगे
आख़िरी सूर्यास्त,
आख़िरी सुबह,
आख़िरी बारिश की बूंद;
आख़िरी बार लेंगे
कॉफ़ी की चुस्की,
दोपहर वाली झपकी,
काम से झूठ-मूठ की छुट्टी,
एक भरपूर नींद
और प्यार वाली झप्पी;
आख़िरी बार होगी
ढेर सारी मुलाक़ात,
दूधवाले से, अख़बार वाले से,
साथ काम करने वालों से,
गली के कुत्तों से,
सड़क की लाल-हरी बत्तियों से,
सिग्नल पर कलम बेचते
बच्चे से;

आख़िरी बार होगी

कोई लड़ाई,

कोई बहस,

कोई मुस्कुराहट,

मैं उस आख़िरी को ख़ूबसूरत रखूंगी,

आख़िरी सांस तक अपने अंदर

बचपन को जीने दूंगी,

देह की आख़िरी जुंबिश तक

इश्क़ में रहूंगी।

दिन भर की ग़लतियां, बेवकूफ़ियां
उसके कंधे पर डाल
गोद में सर रख देती हूं,
वो बस अपनी खुरदुरी उंगलियां
बालों में फिराती है;
रात, मुझे मेरी मां सी लगती है।

28. कबूतरों के मुंह ख़ून लग गया

रोज बिखेर देती थी
कुछ दाने चावल के
बूढ़े पीपल के नीचे,
कबूतरों का रिहायशी था वो पेड़,
मैं देखती थी
उन्हें खाते, उछलते, कूदते, लड़ते,
आज कुछ अजीब हुआ,
मै देर तलक़ बैठी रही,
कबूतर सारे नदारद थे,
बड़ी देर बाद चीटियां आईं,
चीटियों ने दाने उठाए,
गौरैय्ये का एक जोड़ा भी
दिन भर का जुगाड़ कर फुर्र हो चला था,
आख़िर में आया एक कबूतर,
चावल के दाने कुचलता हुआ
मुझ तक आ पहुंचा,
आते ही
मेरे दाहिने पैर की छोटी उंगली

पंजों में जकड़

चोंच गड़ा दी,

सुना है

अल-सुबह एक लड़की की

अधपकी लाश उतारी गई थी पेड़ से;

कबूतरों के मुंह ख़ून लग गया था।

हर चेहरे पर बेतहाशा शोर है,
आँखों को सुनना भी सिखाओ अब।

29. भागी हुई मांओं के बच्चे

वो बच्चे,
जिनकी माँएं
भाग जाना चुनती हैं उन्हें छोड़ कर,
वो पतियों की तरह
अपना दुःख नहीं घोल सकते
शराब के नशे में,
न किसी दूसरी औरत से लिपट कर
मां का एहसास ले सकते हैं;
मुहल्ले वालों की तरह
उसे ख़बर नहीं बना सकते,
घर की दूसरी औरतों की तरह
उसे कोस नहीं सकते,
पुलिस वाले की तरह पिता को
नपुंसक नहीं कह सकते,
वो बच्चे बस उदास हो जाते हैं,
बड़े हो जाते हैं वक़्त से पहले,
माँ के बारे में कहने से ऊपर
चुप हो जाना चुनते हैं,

क्योंकि उन्हें माँ से

सच में प्रेम होता है,

माँ उनकी ज़रूरत होती है

बाक़ी हर चीज़ की तरह;

प्रेमियों का छोड़कर चले जाना भी

इतना ही पवित्र दुःख देकर जाए,

तो समझना तुमने प्रेम किया था,

अन्यथा सब-कुछ प्रलाप था।

जिस्म में सांसों के निशान बाक़ी रहे,
कैसे बिछड़ूं कि जान बाक़ी रहे।

30. मैं विदा लेती हूं

मैं विदा लेती हूं प्रिये,
इससे पहले कि तुम चाहो ऐसा होना,
इससे पहले कि तुम्हारी ज़ुबां
गर्दन से लिपटने लगे,
इससे पहले कि मुझे थामते हाथों में
काई जमने लगे,
इससे पहले कि बियाबान हो जाए
ये अटपटे ख़यालों का जंगल,
इससे पहले कि रंग उड़ जाए
मेरे सफ़ेद दुपट्टे पर छिड़की
तुम्हारी पेन की नीली स्याही का,
इससे पहले कि मेरी आंखों से
सपने चुन लो तुम,
इससे पहले कि गुम हो जाऊं मैं;
मुझे लौट जाने दो प्रिये,

तब जबकि लौटने को एक पुआल
की झोपड़ी भर है,
और बीच आंगन में धधकती आग,
फिर भी लौटना होगा मुझे,
धुंधली नज़र से तुम्हें देखना
वाजिब नहीं लगता;
यूं भी एकतरफ़ा सांसों की उम्र
लंबी नहीं होती।

इक उजले सागर भर है चांदनी,

रात ने

चाँद के ग़िरेबाँ पर हाथ रख कर

नब्ज़ काटी है।

31. ज़िद

ज़िद
सबसे मासूम अभिव्यक्ति है
दुनिया की,
नहीं मिलते आजकल ज़िद्दी लोग,
दिखते हैं तो,
रेंगते, हुलसते, कुलांचे भरते,
बदलते, लपकते,
नींव विहीन लोग,
उसने कहा,
मैं एक ज़िद्दी प्रेमिका थी,
लेकिन
अब समझदार हो गई हूँ,
सुनकर मैंने मूंद ली आँखें
प्रार्थना में,
ईश्वर करे ज़िद्दी लोग ज़िंदा रहें।

सारी किलकारियां, सिसकियां,

मुस्कुराहटें, आहें,

दिनों के पांव,

रातों की गर्दन,

हारा हुआ सूरज,

ऊबा हुआ चांद,

एक-एक करके सब को

वहीं से गुज़रना है,

समय की दरांती पर सब कुछ कटना है।

32. बोरसी

आजी कहती थीं
बोरसी में आग हमेशा रखो
कोई मांगे तो दे सको
और ख़ुद मांगनी न पड़े,
जैसे बउवा और अन्ने की अम्मा आती थीं
हर शाम
आग माँगने,
मैंने कई बार पूछा,
इनकी बोरसी में आग क्यों नहीं?
तब कहाँ पता था,
आग बचाने को
चाहिए थे कंडे,
कंडों के लिए जानवर,
जानवरों के लिए खेत,
और खेत के लिए ठाकुर;
इतना आसान नहीं होता
बोरसी की आग बचाए रखना।

मैंने इश्क़ पहन कर जिस्म छुआ था,
तुमने जिस्म पहन कर इश्क़ छुआ,
हमारा जल जाना लिखा था पहले से।

33. मेरे तुम्हारे बीच

मैं शहर के इस छोर पर,
मेरे आस-पास कुछ एक परछाइयां दिखती हैं,
मुझे छूती हैं, टटोलती हैं,
फिर दूर भटक जाती हैं,
ना मैं उनकी ज़मात में शामिल हो पाती हूं
ना विलग,
दूर दूसरे छोर पर तुम चमक रहे,
तुम्हारा क़द ज़रूरत से ज़्यादा बड़ा है,
तुम ज़रूरत से ज़्यादा रौशन हो,
परछाइयां तुम्हें भी छूती हैं,
आज़माती हैं
और जल जाती हैं,
तुम मृत्यु की तरह अकेले हो,

जीवन से भरे;

ये होने को

पूरे का पूरा शहर पार किया है

तुमने मुझे छूकर,

या तो व्यर्थ करो अपना छूना कि

मैं परछाइयों सी हो जाऊं

या इक और बार छूकर

आग बना दो मुझको;

यूं ही मिलना आसान नहीं है अब,

मेरे तुम्हारे बीच पूरा मुर्दा शहर बहता है।

अजीब साहूकार हैं ये वक़्त भी,
कुछ लम्हे हथेलियों में थमा,
रेहन पे रख ली पूरी ज़िंदगी।

34. अय्यार

ये शहर कमाल का अय्यार* है,
इसके हिस्से हज़ारों किरदार हैं,
चमकती, लहराती जिस्मानी परत में
बलखाती राहों की नुमाइशी धनक में,
सफ़ेदपोश शांत सलीकेदार है,
ये शहर कमाल का अय्यार है;
लिजलिजी बस्तियों के बीच पनपे
कुकुरमुत्ते से जीवन में,
सीलन से भरी कोठरियों में
उबकाते बचपन में,
लाल बत्ती पर बिकती घरों की रौशनी में,
भूख मिटाते जिस्मों की चाशनी में,
चीखता-चिल्लाता नोंचता खसोटता
बेशर्म, बदज़ुबान, बेज़ार है
ये शहर कमाल का अय्यार है;

---

*अय्यार : बहुरूपिया

इसकी 'इन्सोम्निक' रातें

सुबह की थपकियों से सोती हैं,

दोपहरें शाम के कंधों पर

बेवजह रोती हैं,

इसका खुले बदन

नक़ाबों में होना

बेहद शानदार है,

ये शहर कमाल का अय्यार है।

न ज़मीन मेरी रही
न आसमान मेरा है,
हां पांव भर फ़र्श मेरी है,
उंगलियों भर सींखचें मेरी हैं,
बादलों की पहुंच से बहुत ऊपर
मैं पिंजरे में हूं,
पलक दर पलक अलग होते हैं
आज़ादी के मायने।

35. आज़ाद लड़की

इक आज़ाद लड़की के

मन में

सारे जानवर होते हैं,

खरगोश से लेकर भेड़िये तक,

वो मरती है एक दिन

अपने भीतर

किसी बेहद पालतू से

जानवर के नाखूनों में फंसकर।

तुमसे ही निकलती हूँ,

तुम में ही जकड़ जाती हूँ;

सुनो,

अब बन्द कर दो न

ये गिरहों का कारोबार।

36. मां

मुझे बचपन की मैं से ज़्यादा
मां याद है;
अल-सुबह आंगन बुहारती,
लीपती मां,
उपले बनाती, सुखाती मां,
आस-पास गूंजती चूड़ियों की खनक,
आम के दिनों में मां की अचारी महक
और एक बार तो मिट्टी का तेल भी…
शायद कुछ ज़्यादा ही हुआ था उस दिन,
मां के गालों पर छपी थी कोई ग़लती उनकी,
मुझे मां का स्पर्श तब चुभता था,
उनके हाथ खुरदुरे थे
किसी मज़दूर की तरह,
वो मज़दूर जिसे मज़दूरी में मिलता था
रोटी, कपड़ा, मकान,
पति नाम का ईश्वर,
और

दहलीज़ के तरीक़ों की हिदायतें,
हिदायतें कभी निशानी, कभी ज़ुबानी;
मां भुला देती थी सब
शायद जीने के लिए ज़रूरी था,
लेकिन बचपन उकेर रहा था वो सब
अपने कैनवास पर,
गहरे रंगों से,
इतने गाढ़े थे रंग कि
कुछ और जो भी बना धूमिल सा लगा
शरारतें, शिकायतें, खेल, खिलौने,
सब कुछ धुंधले-धुंधले से दिखते हैं,
वो सब जिनके रंग चटक हैं,
वो माँ के हिस्से की यादें हैं,
मुझे बचपन की मैं से ज़्यादा
मां याद है।

वो परिंदे हर शाख पे बेतक़ल्लुफ़ होते हैं,
लौटने को जिनके पास घर नहीं होते।

37. गांव की मिट्टी

मौसमों के पाँव में,

बूढ़े होते पेड़ों की छांव में,

मचलती पगडंडियों की रानाई में,

औंधे मुंह पड़े खेतों की कलाई में,

ज़िन्दगी ने

भागते वक़्त को

पिरो रखा है,

मेरे गांव की मिट्टी ने

मेरा बचपन संजो रखा है।

तुम शहर में वाबस्ता शोर से आज़िज़ हो,
मैं गांवों को खाती ख़ामोशी से डरती हूँ।
तुम्हें नशे में बहके क़दमों से शिकायत है,
मैं होश वालों की नीम बेहोशी से डरती हूँ।

38. ये शहर गांव होना चाहता है

बेतहाशा भागती नग्न तन्हाइयों को
रिश्तों से ढंकना चाहता है,
तेज़, जगमगाते बल्ब उतार
जुगनुओं से सजना चाहता है,
बारिशों में मिट्टी बन
महकना चाहता है,
चाहता है इक पल को ये
तिलिस्म टूटे,
मसरूफ़ियत की पक्की फ़र्श पर
इश्क़ का कच्चा मर्तबान फूटे,
शहर होने के लिए खोई नेमतें
फिर से पाना चाहता है,
ये शहर गाँव होना चाहता है।

रिश्ते जब रेत होने लगते हैं तो,
मुट्ठियां बेवजह कस जाती हैं।

39. वो अकेले रह जाएंगे

वो जिन्हें जानने की भूख होगी
अकेले रह जाएंगे,
जिन्हें समझ आ जाएगी वक़्त से पहले
सारी खुरपेंच ज़िन्दगी की,
वो सराय की शक्ल ले लेंगे;
सब कुछ जानना, समझना
और खुश रह पाना,
आदमियों की दुनिया में
अलग-अलग बातें हैं।

कुछ तो जन्मेगा
ज़िंदा या मुर्दा,
काला, गोरा या रंगहीन,
कोख नीली पड़ चुकी है,
समय की प्रसव पीड़ा चरम पर है।

40. दूब का विद्रोह

उसे उगना ही था,

तुम नहीं सीख पाए थे

उसे बोना,

उसने उगना ख़ुद से सीखा,

बेसलीका, बेलिहाज़ है उसका तरीक़ा,

तुम्हारी तमाम खोजों, सभ्यताओं

और संस्कृतियों के

मुंह पर तमाचा है

"दूब का विद्रोह।"

कुछ किताबें,
जिन्हें अपने क़द से
ऊंची जगह रखती हूं हमेशा,
मिलना हो तो एड़ियां उचकानी पड़ती हैं;
ख़ुदाओं से मिलना ही सज्दा नहीं होता।

41. किताबें

किताबें छीन लेंगीं इनसे
इनके घरों में पानी भरता कहार,
नालियां साफ़ करता जमादार,
घास काटती घसियारिन
जिसकी देह ये जब चाहे
बिछा सकते हैं,
जब, जैसे चाहें हांक सकते हैं
पालतू की तरह,
किताबों के साथ जीता मनुष्य
छोड़ देगा इस
मनुवाद को
अकेला, असहाय और पंगु,
नकार दी जाएंगी इनकी पहचानें;
किताबों से इनका डरना स्वाभाविक है।

आज खोल दिया
दुपट्टे का वह कोना,
जो बरसों पहले बांधा था,
सुना है,
जब खोया हुआ मिल जाए
तो खोल देते हैं
सारी गांठें।

42. मेरे बच्चे

मेरे बच्चे कहेंगे,
उनकी मां क्रांतिकारी नहीं थी,
लेकिन सोचती थी क्रांति,
पिंजरे से निकल नहीं पाई,
लेकिन शिद्दत से चाहती थी आज़ादी,
वो एक ब्याहता के जिस्म में मरी,
लेकिन ताउम्र जीती रही सिर्फ़ प्रेमिका,
मेरे बच्चे मुझ पर गर्व करेंगे या शर्म
नहीं मालूम,
लेकिन वो जन्म से होंगे
आज़ाद, क्रांतिकारी और प्रेमी भी।

कुछ रिश्ते हैं जिनमें अब भी महफ़ूज़ हैं हम,

वरना किरदार गंवा बैंठे थे,

ओछी दुनियादारी में।

43. तुम्हारी दुनिया

तुम्हारे खेमे में आने पर
कुचले जाने की संभावना है,
कीड़े की तरह नहीं,
उस तितली की तरह,
जिसे कलाई की कोर पर बिठा
रंगों, पंखों को निहारोगे,
कविता लिखोगे, लेख लिखोगे,
बिकोगे, पढ़े जाओगे,
तस्वीरें लोगे, दिखाओगे,
प्रभावित करोगे अपने प्रकृति प्रेम से,
फिर
भीड़ हटते ही,
उजाला घटते ही,
किसी और जूते-चप्पल या
पांव तले रखकर,
मुझे आख़िरी सांस लेते हुए

अपने दर्शन में एक और अध्याय जोड़ोगे;
मुझे नहीं शामिल होना
तुम्हारे खेमे में,
मैं एक असफल लेखिका,
प्रेमिका रहकर ही
ज़्यादा प्यार कर पाती हूँ दुनिया से।

मैंने रास्तों से नहीं दिशाओं से बग़ावत की है,
मेरे हिस्से का सूरज पूरब खा जाएगा।

44. मेटामॉरफ़ॉसिस

पहले पहल मेरा प्रेम,
पांवों के पास दूर्वा की देह में उगा था,
और 'मेरा' मुझमें होना
विशालकाय पेड़ की तरह था,
अब प्रेम वटवृक्ष बन चुका है,
बाक़ी बचा सब कुछ वटवृक्ष
की परछाईं,
'मेटामॉरफ़ॉसिस' प्रेम की निरंतर प्रक्रिया है।

कुछेक चेहरे जो आईने से हैं मेरे,
न हों आस-पास तो
भूलने लगती हूँ रंग अपना।

45. जाना

फूलों को
खिलते, सूखते, बिखरते
हुए देखती हूँ,
तालाबों का
सूखना, सड़ना, मरना
महसूस करती हूँ,
सूरज का रोज डूबना
मेरे लिये महान घटना है;
इस तरह तुम्हारा जाना
बेहद मामूली बनाना चाहती हूँ।

इश्क़ भी हो, रश्क़ हो, तिश्नगी* भी रहे,
साँस लेते हो तो साँसों में ज़िन्दगी भी रहे।

---

*तिश्नगी : प्यास

46. सभ्यता

स्वर अपनी पकड़ खो चुके हैं,
चुप्पी पूरी निर्ममता से
नज़रअंदाज़ की जा रही है,
प्रेम में समर्पण, एकनिष्ठता भ्रम है
संस्कृति के चंद बदलावों ने
साबित कर दिया है;
सत्य का अस्तित्व ही
दुराग्रह माना जा चुका है,
संवेदनाएं अब मंचों की बातें हैं,
सही और गलत को बस दर्शन
परिभाषित करता है,
कर्म सहूलियत के खांचे में
बेशर्मी से पड़ा है,
सभ्यता अनवरत बढ़ती जा रही है।

वो संजीदा होता था
सिर्फ़ तभी मेरे नाम से पुकारता था मुझे,
मैं वक़्त के होंठों पर
झट से उंगलियां रख देती थी,
अपने नाम से इतनी बेचैनी फिर कभी नहीं हुई।

47. हमारा रिश्ता

सीली दीवार से उतरी तस्वीर,
स्लेट पर चॉक से खींची लकीर,
दुधमुंहे बछड़े से अलग की
गाय के स्तनों से टपकता दूध,
तेज़ चीख पुकार
के बाद सूखे गले,
रात की लंबी कहानी का
ऊंघती आवाज़ में लिपटा
आख़िरी हिस्सा;
ऐसा ही बचा था
समय की आस्तीन से कटा
हमारा रिश्ता।

गई रात बिखर गया
मुट्ठी में जो कस के पकड़ा था,
थोड़े-से तुम को
हर मुलाक़ात से चुरा कर;
वक़्त ने बड़ी शिद्दत से नाख़ून चुभोया था,
कलाई के ठीक बीचों-बीच।

48. कोजागिरी की रात

कोजागिरी* की सर्द रात,
चमकते, सिहरते खेत के बीच
कुछ मुट्ठी धान चुराया था
कल्लू के छोटे बेटे वीरू ने
पीठ पर रखने से पहले
आख़िरी बोरी से,
ठाकुर ने कुछ किया नहीं,
चार चक्कर लगवाया खेत का
उतरवा कर सारे कपड़े,
वीरू थका नहीं था,
बस मर गया
सामने खड़ी रूपा के
दांतों में कटते दुपट्टे में फंसकर;
हर किसी की कोजागिरी की रात
खीर वाली नहीं होती।

---

*कोजागिरी : शरद पूर्णिमा; मान्यतानुसार उत्तर भारत में अन्नपूर्णा की पूजा के लिए इस दिन नए चावल की खीर पकाई जाती है।

पलकों में बर्फ़ सिली हो,
आँखों में लोबान का धुआँ,
इससे कम छुआ तो
कहाँ इश्क़ हुआ।

49. तुम्हारा साथ

ऊँचे, रंगीन मकानों से गुज़रते हुए,
चमकते रास्ते रौंदकर,
पगडंडियों से होते हुए,
ओस में भीगी घास से
तलवे भिगोते हुए,
छुपन-छुपाई के खेल में चुने
घर के सबसे महफ़ूज़ कोने
में छुपते हुए,
रात में मां के थके जिस्म से
लिपट के सोने जैसा है,
तुम्हारे साथ होना।

मैंने ज़िंदगी की सबसे ख़ास दुआएँ,
ग़लत बुतों से कह दी,
काफ़िरों को कहाँ होती है
ख़ुदाओं की पहचान!

50. मां के जेन्युइन दुःख

उनके चार बच्चों में सिर्फ़ एक बेटा है,
चारों बच्चों में
सबसे बड़ी लड़की
थोड़ी शुभ थी,
क्योंकि उसके बाद बेटा हुआ;
मेरी छोटी बहन मेरे बाद हुई,
आंकड़ों, दिशाओं, दशाओं
की मानें तो
मेरे बाद जन्मना था एक लड़का,
लेकिन नियति ने धोखा दिया
और पैदा हो गई मेरी बहन,
मेरी माँ को सच में दुःख है,
उनके साथ मेरी छोटी बहन ने
धोखा किया,
सारे इशारे पेट से ही
लड़कों वाले किए,
कोख में रहते हुए दाहिनी तरफ़
लात मारी,
नौ महीने से ज़्यादा वक़्त लिया पैदा होने में,

उनके मुताबिक़,
अमूमन लड़कियां वक़्त से पहले
पैदा हो जाती हैं,
सज़ा, कोफ़्त या पता नहीं क्यों,
थोड़ी बड़ी होने तक
उसे लड़कों की तरह ही रखा,
बाल छोटे, हॉफ पैंट, टीशर्ट,
याद है मुझे,
कितने गर्व से बताती थीं वो,
कैसे लोग धोखा खा जाते हैं
कि वो बेटा है घर का;
सबसे ज़्यादा दुखी हुईं वो
उसे बाल लंबे करते,
फ्रॉक पहन कर खुश होते,
और प्यार में पड़ते देख;
सबसे जेन्युइन दुःख उन्हें
मेरी छोटी बहन ने दिया,
और सबसे बड़ा धोखा,
हम दोनों ने मिलकर।

मैंने दुआओं के पंख काट दिए हैं,
पंख कटे कंधों पर टांक दी है
विद्रोह की दो लाल आंखें,
अपने नाराज़ ईश्वर से मैं भी
नाराज़ हूँ अब।

51. कर्मदंड

दृश्य एक:

एक बूढ़ी औरत रिक्शे से उतरी,

पेंशन की पूंजी से कुछ नोट

हड़बड़ी में

रिक्शे से नीचे गिरे,

रिक्शे वाले ने रूपये उठा लिए,

हंसता हुआ आगे बढ़ा

कि दिन भर की कमाई हुई,

चौराहे की लाल बत्ती

पर ध्यान न गया,

ट्रैफ़िक वाले ने कान के

नीचे छाप दीं हथेलियां,

जबरन खींच लिया ऊपरी जेब से

झाँकता सौ का नोट;

ट्रैफ़िक वाले की उन्नीस साल की लड़की

पसन्द आ गयी मंत्री को,

मंत्री ने उसे अंदर घसीट

चढ़ा लिया अपनी कार का काला शीशा,

दृश्य दो:

ईश्वर दंड की मुद्रा में

पशोपेश में है।

बेइंतहा दर्द का जवाब इक मासूम सी मुस्कान,
किसी बूढ़े की पेशानी पर, बचपन सी लिखी है दुनिया;
वही रोज़ा कहीं फ़ाक़ा है, वही क़त्ल कहीं क़ुर्बानी,
एक किरदार, कई नामों तले जीती है दुनिया।

52. क्यों?

क्यों है तुमको जाग जाना
क्यों किसी को है जगाना,
जिनके हिस्से नींद आई
लोरियां उनके लिए हैं,
उनके लिए बेचैनियाँ हैं
जिनके हिस्से रतजगे हैं;
क्यों है कहना ईमान लाओ
क्यों है कहना जान जाओ,
जो अगर अनजान होते
तो भी आख़िर क्या बिगड़ता,
रास्तों का ज़ख़्म तब भी
रास्तों के जिस्म पड़ता,
आवाज़ की पहचान को,
पहचान की आवाज़ को

चुप्पियां हैं खा रहीं,
कोयलें हैं चुप सभी
बिल्लियां चिल्ला रहीं,
परछाइयों की परछाइयों से
बग़ावत किसलिए?
ये ख़िलाफ़त किसलिए?
भीड़ का हिस्सा बनो,
याद रखो बस भूल जाना।

पहले पहल किसी सांप के लिए
जितनी पीड़ादायक होती है
केंचुली से जिस्म अलग होने की प्रक्रिया,
कुछ उसी तरह मेरी सोच
बदल रही है पैरहन पुराना।

53. बचा हुआ आदमी

हर आदमी की ज़िंदगी में
एक आदमी होता है,
जिससे वो सच्चाई और अच्छाई की
बातें करता है,
जैसे ऊबे शरीर के लिए वेश्यालय,
बेचैन मन के लिए मदिरालय,
जैसे खटती देह के लिए
बीड़ी का सुट्टा,
बिल्कुल वैसे ही
अपराधबोध से ग्रस्त मन
किसी ऐसे आदमी की तलाश में रहता है
हमेशा,
जो उसे बिना आईना दिखाए
बता दे कि
दुनिया कितनी बुरी हो गई
और वह अब भी बाक़ी है।

मैंने बस तारीख़ें जोड़ी थीं,
उसने धरती, बादल, नदियां, सागर,
प्यास, नज़र, बारिश, रातें
सब का हिसाब लिखा,
इश्क़ फिर से पक्का हिसाबी निकला,
मैं फिर से घाटे में थी।

54. कभी-कभी

कभी-कभी मन होता है
एड़ी के ठीक बीच में चुभ जाए
बबूल, बेर या नागफनी का कोई
सूखा कांटा,
छलछला आए एड़ियों के साथ
पलकों में छुपी आँखें,
मगर ऐसा होने के लिए
मुझे नंगे पैर चलना होगा,
आशियाने के बाहर कहीं दूर,
अगरचे एड़ियों को चप्पलों
की आदत है,
ज़मीनों को भी भाने लगी है
फर्श की चिकनाई।

मैं सिर्फ़ "लिखती" हूँ

आसमान, चाँद, उड़ान, सपने,

कफ़स की दीवारों से*

टिककर।

*कफ़स : पिंजरा

55. असुरक्षाएं

मुझे किताबें पसंद हैं,
किताबों से ज़्यादा इंसानी बच्चे,
जानवरों के साथ अजीब अपनापन है,
जानवरों से ज़्यादा
जंगलों, नदियों से प्रेम है,
मगर ज़िन्दगी इसके उलट जी मैंने,
ये सब कुछ हाशिये पर रख,
उम्र का एक बड़ा हिस्सा
गुज़ार दिया मैंने,
असुरक्षाओं को संजोने में।

लम्स[*] तुम्हारे होंठों के मेरे होंठों पर,
आयतों से टूटकर गिरे हों हर्फ़[**] जैसे।

*लम्स : स्पर्श

**हर्फ़ : अक्षर

56. प्रेम का प्रारब्ध

जिस क्षण
मेरी गर्दन के ठीक नीचे
लिपटे चेहरे पर
सोई तुम्हारी आँखों से
कुछ कतरे उदासी के
मेरी आँखों में आ गिरे,
बस उसी क्षण,
मैं प्रेमिका से मां हुई,
ये मेरे प्रेम का प्रारब्ध है।

इक रोज चाँद टूटेगा,

मैं तुम्हें मांगूंगी।

57. उसे मैं पसंद थी

उसे मैं पसंद थी
जैसे संगमरमरी घर के कोने में
बारिश की महकती मिट्टी,
जैसे बेहया के फूल
करीने से सजे बगीचे में,
वैसे ही जैसे
छः दिन नौकरी के बाद
ख़ाली सा इतवार,
जैसे नब्बे के दशक का
रंगीन पन्नों वाला इकलौता अख़बार,
लेकिन कहा उसने एक दिन
मिट्टी, फूल, इतवार की महसूसियत,
कागज़ की रंगीनियत से
ज़िन्दगी नहीं चलती;
वक़्त ने उसके माथे पे
बड़ी प्रैक्टिकल सी रेखाएं खींची थीं।

मैं एक बेचैन बेतरतीब सा ख़याल,
उनींदी आँखों में गहनाई सी
फ़ुर्सत हो तुम।

58. पेलागेया निलोवना

मैं माँ बनना चाहती हूँ
पेलागेया निलोवना* जैसी,
जिसकी जड़ें
रसोई घर में तवे पे घूमती रोटियों
में हों,
समोवार** से ताज़ा उठती भाप में हो,
आंसुओं को ज़ब्त कर
लोरियां गुनगुनाते हलक में हों
और शाखाएं किसी भी दशा में
किसी भी दिशा को भेदने में सक्षम हों,
मैं जन्मना चाहती हूँ
पावेल*** सा एक बेटा,
जिसमें विद्रोह हो
ग़लत के लिए,
जिसके लिए मुहब्बत नीली आंखों में
नीले सपने तराशना हो,

---

*पेलागेया निलोवना : मक्सिम गोर्की के सुप्रसिद्ध उपन्यास मां का प्रमुख चरित्र।

**समोवार : धातु का एक पात्र जिसमें रूसी लोग चाय के लिए पानी गरम करते हैं।

***पावेल : मां उपन्यास का नायक।

जो मुझे अपनी माँ से इतर
ख़ुद सा महसूस कर सके,
जिसे मैं कह सकूं
कमज़ोरी नहीं है कोमल होना
और प्रेम नहीं बनाता शक्तिहीन;
इंसानियत का चरम
अपने अंश के साथ जीना चाहती हूँ,
मैं निलोवना जैसी माँ बनना चाहती हूँ।

शफ़्फ़ाक़ बदन हो तो संभल के चलो,*
यहाँ कागज़ों पे मनाही है,
अगरचे,
हर हाथ में है कलम यहां,
हर कलम में स्याही है।

---

*शफ्फाक़ : उज्जवल

59. पूरी कविता

मुझे कोई नज़्म कभी भी
पूरी नहीं लगती,
अंत तक आते-आते
हर नज़्म अकेली हो जाती है
या भीड़ हो जाती है;
अंत हमेशा अधूरा-सा लगता है,
गोया क़ायनात ने एक सवालिया
उंगली उठाई हो
और डपट के मरोड़ दिया हो हाथ
किसी गुस्ताख़ ख़याल ने,
लगता है
नज़्मों को कुछ और देर रहना था
मन के किसी कोने में ही,
शायद पन्ने
उन लफ़्ज़ों को महसूस कर पाते
जो लिखे जाने थे
पर लिखे नहीं गए,

गर मिली कभी कोई पूरी सी नज़्म

तो पूछूंगी उससे,

कितना वक़्त हुआ उस स्याही को सूखे,

कलम को टूटे,

लेखक को मरे हुए;

ज़िंदा कवि

नहीं लिख सकता पूरी नज़्म,

पूरी नज़्म अंत है,

ख़यालों का, मायनों का,

और लेखक का।